# NERTO

## DRAME LYRIQUE EN QUATRE ACTES

Livret de

**Maurice LÉNA**

D'APRÈS LE POÈME DE MISTRAL

Musique de

## CH.-M. WIDOR

PRIX NET : 1 FR. 50

PARIS

AU MÉNESTREL, 2 *bis*, RUE VIVIENNE (2e), HEUGEL

ÉDITEUR-PROPRIÉTAIRE POUR TOUS PAYS

*A Madame Ch.-M. WIDOR*

# NERTO

DRAME LYRIQUE EN QUATRE ACTES

Livret de

**Maurice LÉNA**

D'APRÈS LE POÈME DE MISTRAL

Musique de

# CH.-M. WIDOR

PRIX NET : 1 FR. 50

PARIS

AU MÉNESTREL, 2 *bis*, RUE VIVIENNE (2e), HEUGEL

ÉDITEUR-PROPRIÉTAIRE POUR TOUS PAYS

# PERSONNAGES

| | |
|---|---|
| NERTO . . . . . . . . . . . . . . . . . . . . . . . . . | Soprano. |
| L'ORGUEIL . . . . . . . . . . . . . . . . . . . . . . | Soprano. |
| LA COLÈRE . . . . . . . . . . . . . . . . . . . . . . | Soprano. |
| L'AVARICE . . . . . . . . . . . . . . . . . . . . . . | Mezzo-soprano. |
| LA GOURMANDISE . . . . . . . . . . . . . . . . . . | Mezzo-soprano |
| LA LUXURE . . . . . . . . . . . . . . . . . . . . . . | Contralto. |
| LA PARESSE . . . . . . . . . . . . . . . . . . . . . | Contralto. |
| RODRIGUE DE LUNO . . . . . . . . . . . . . . . . | Ténor. |
| LE BARON PONS . . . . . . . . . . . . . . . . . . | Baryton. |

LE PAPE BENOIT XIII.

CHOEURS ET VOIX DIVERSES

*La Foule. — Marchands et Marchandes. — Buveurs. — Garçons et Filles. — Écoliers. — Soudards. — Nonnes. — Prêtres et Moines. — Voix des Séraphins.*

---

APPARITIONS

Satan. — Le Paradis.

DANSES

*Moines danseurs. — Matassins. — Bohémiennes. — Les Péchés capitaux.*

---

**L'action se passe à la fin du XIVe siècle.**

---

PREMIER ACTE. — Le Fort-Château de Château-Renard.

DEUXIÈME ACTE. — Une place d'Avignon.

TROISIÈME ACTE. — La Chapelle d'un Couvent près d'Avignon.

QUATRIÈME ACTE. — Le Château du Diable.

H. 28.733

# ACTE PREMIER

*Au Fort-Château de Château-Renard,*
*dans la Chambre-Haute du Baron Pons.*

---

## SCÈNE PREMIÈRE

**LE BARON PONS, NERTO.**

*(Le Baron, près de mourir, est étendu sur un large lit gothique. A son chevet, sa fille Nerto. C'est le soir. Au dehors, sur les plates-formes et dans les bailles du Château, les sonneries du couvre-feu se répondent.)*

**Le Baron.**

Pour la dernière fois j'entends le couvre-feu...

*(Les sonneries meurent au lointain.*
*Se soulevant sur sa couche, et prêtant l'oreille.)*

N'entends-tu pas, Nerto, vers ces fanfares
Hennir, impatient, mon destrier de guerre?...

*(Avec élan.)*

La Guerre!...

*(Avec une douloureuse mélancolie.)*

Adieu la Guerre et l'Aventure,
Adieu la chasse, adieu les tournois.

**Nerto,** *tendrement attristée.*

Mon Père!

**Le Baron.**

Adieu la vie!

**Nerton,** *consolante.*

Vos yeux verront encor les radieux soleils
Des jours de chasse ou de victoire.

**Le Baron.**

Jamais!...

*(Sur un geste du Baron, Nerto lui remet son épée suspendue a chevet du lit.)*

O mon Épée,
Rude et fidèle compagnonne,
Combien de coups n'avons-nous pas frappés!...
A tailler, à trouer, tu valais Durandal,
Et ton aile de flamme, au-dessus des mêlées,
Joyeusement semait la Mort et l'Épouvante...
Ma chère épée, adieu!

*(Il remet l'épée à Nerto).*

**Nerto.**

Priez, mon Père,
Dieu saura vous guérir.

**Le Baron.**

A quoi bon la prière?
Mes crimes ont lassé la clémence du Ciel.

**Nerto,** *avec élan,*

Ne doutez point de la Grâce divine!

*(S'approchant du chevet; avec une tendre insistance.)*

Priez!...
Le Seigneur nous entend et sa bonté pardonne.
Quand un père a chéri si tendrement sa fille,
Bien des péchés, là-haut, lui sont remis.

*(Elle se penche afin de mettre un baiser au front de son père.)*

**Le Baron**, *écartant ce baiser avec une sorte d'effroi.*

Non!...
Ne souille pas, au front d'un père indigne,
Ta lèvre pure.
Je ne mérite point le baiser filial;
Je ne mérite que ta haine.

**Nerto.**

Moi, vous haïr!

**Le Baron.**

Ecoute, et sois mon juge,
Toi qui fus ma victime...
Voici bientôt treize ans, dans la montagne sombre,
Je chevauchais à la mi-nuit,
Morne, le cœur plein de rage et de honte...
Trois jours, trois nuits durant, la démence du jeu
M'avait tenu cloué, hagard, devant les cartes;
Et j'avais tout perdu, jusqu'au dernier doublon :
Perdu mes lévriers, mes faucons, mon cheval,
Perdu toute ma terre,
Perdu ce manoir même...
C'était donc la misère...
« Ah! plutôt qu'une telle honte,
« Plutôt cent fois vendre mon âme au diable! »

*(Nerto se signe avec effroi.)*

Ce mot à peine prononcé,
— O flamboyante vision! —
Surgit devant mes yeux Satan, Satan lui-même,
Ricanant et sinistre.

**Nerto**, *de plus en plus effrayée, se signant de nouveau :*

*Libera nos a malo!*

**Le Baron**, *poursuivant.*

Sous la poussée de ses deux bras livides,
Tournait dans l'air une roue immense,
Dont chaque tour épanche un large fleuve d'or...
« A moi cet or! à moi!... »
Je me ruai d'un bond, pour y noyer ma fièvre,
Vers le ruissellement du trésor infernal.

**Nerto**, *avec une angoisse épouvantée.*

Dieu!...

**Le Baron**, *sombre.*

Et tout cet or, Nerto, Satan me l'a donné.

**Nerto**, *avec douleur.*

Mon pauvre père!...

**Le Baron.**

Mais à quel prix!...
Mon âme c'était peu :
Il a fallu parfaire le marché,

*(D'une voix haletante.)*

Et pour cet or, j'ai vendu l'âme de ma fille!

**Nerto**, *dans un cri aigu de détresse.*

Ah!

**Le Baron.**

Oui, pour de l'or, je l'ai vendue.

**Nerto**, *les mains vers le ciel.*

Dieu de miséricorde!

*Elle est près de défaillir.*

*(Au cours du récit qui précède, le Baron, s'animant, était presque descendu de son lit. Pendant la scène qui va suivre, sous l'action de son désespoir, d'abord, puis de sa démence grandissante, il trouvera progressivement la force de se mettre debout et de marcher.)*

**Le Baron,** *laissant éclater son désespoir.*

Oui, j'ai vendu la Grâce virginale;

*(Montrant sa fille :)*

Sans honte, j'ai vendu ce doux printemps en fleur.

**Nerto**, *revenant à elle et saisissant la main de son père ; fiévreusement :*

Non, je ne puis vous croire :
Un père ne vend pas l'âme de son enfant.

*(Avec désespoir).*

Grâce!

*(Tombant à genoux, pleurant.)*

Grâce pour votre fille
Qui vous aime et que vous aimez!...

*(Se relevant, essayant de sourire à travers ses larmes, suppliante et douloureusement câline.)*

Souvenez-vous, dans son enfance,
Comme vous chérissiez
Votre petite Nerto... !
Vous gâtiez la fillette
— Et vous gâtez la jeune fille...

*(les bras au cou de son père :)*

Votre pauvre Nerto, si contente de vivre!
Non, sûrement, vous ne souffrirez pas
Qu'elle meure damnée,
Votre pauvre Nerto!...

**Le Baron,** *dont la tête s'égare et qui, tout entier à son idée fixe, n'a pas entendu Nerto; se dégageant de ses bras :*

**Le Baron.**

Riche! Très riche!

**Nerto,** *implorant.*

Défendez votre fille!...

**Le Baron.**

Je suis très riche!...
Pour que Nerto soit la plus belle,
Voyez :
Je pare de bijoux qu'envierait une reine
Son col et ses cheveux.

**Nerto,** *de ses cheveux, de son cou, de sa poitrine arrachant ses bijoux et les jetant loin d'elle avec horreur.*

Ah! ces bijoux maudits où flamboie la Géhenne!

**Le Baron,** *en pleine démence.*

Bijoux de fiancée!...
Oui, dans un an, à pareille heure,

C'est le grand jour des épousailles;
Et pour le beau Satan, pour votre époux, Madame,
Ah! quelle fête
D'emmener à son bras au palais de l'Enfer
La plus belle et la mieux parée!

**Nerto.**

Horreur!

**Le Baron.**

Sonnez, sonnez, cloches des Noces!

*(Il éclate d'un rire de folie.)*

*(Terreur de Nerto. A ce moment une apparition de Satan tournant la noria commence, très vaguement encore, à se dessiner, telle que, plus haut, le Baron lui-même l'a décrite.)*

Mais le voici... Satan!...
C'est moi, ce soir, qu'il vient chercher...
Regarde!

**Nerto.**

J'ai peur.

**Le Baron**, *montrant du doigt l'apparition.*

Là... là...

**Nerto.**

Seigneur!... Vierge Marie!...

**Le Baron.**

Regarde! Satan!...

**Nerto.**

Anges du Ciel!...

**Le Baron.**

Vois le fleuve d'or qui ruisselle...

*(Joyeusement.)*

Que de florins!... que de réales!...
C'est le Pactole qui déborde
Pour m'enrichir encore!
A moi cet or! Tout cet or est à moi!

*(Il se rue vers l'apparition, et, frénétiquement, ramasse l'or à pleines mains; mais aussitôt il pousse un grand cri, et rejetant au loin, comme brûlé, les poignées de l'or infernal, il recule, pris d'un tremblement d'épouvante.)*

Non, c'est le feu d'Enfer!...
Un torrent de lave!...
Il monte, il monte!... *(fuyant)* A l'aide!

*(S'arrêtant comme traqué de toutes parts.)*

Ah! l'atroce marée
De l'or qui flamboie et bouillonne...
Là... là...
Le flot me gagne... Il m'entoure...
A moi!

*(Tombant sur un genou, puis sur les deux, puis s'affaissant tout à fait.)*

Miséricorde!

*(Se relevant à demi; à Nerto qui le soutient.)*

Ma fille!... Je meurs... Adieu... Pardon!

*(Il expire. Au même instant l'apparition disparaît; et dans le soir plus sombre Nerto reste seule, immobile d'abord et comme pétrifiée d'horreur, puis tragiquement affolée par l'affreuse vision de l'Enfer qui l'attend.)*

**Nerto.**

*Miserere mei, Domine!*

*(Elle sanglote, la tête dans ses mains.)*

*(Mais voici que dans l'air, qui s'émeut et se dore, passe comme une douceur mystique. Il semble que des profondeurs du Ciel*

*s'abaisse par degrés l'harmonieux frémissement d'un invisible vol de Séraphins; et bientôt s'éveille un chœur lointain de voix célestes.)*

**Voix des Séraphins.**

Nerto!... Nerto!...
Vers la Rome Nouvelle!...
C'est le Port lumineux,
C'est l'Unique Salut...

*(A l'appel des Voix conseillères, Nerto, lentement, a relevé la tête. Ses larmes cessent. Elle est debout maintenant, les yeux vers les Voix d'en haut. Brève oraison près du corps de son père. Un baiser à son front. Puis, comme entraînée par les Voix qui s'éloignent, elle s'est mise en marche, extasiée à la fois et douloureuse, vers « La Rome Nouvelle ».)*

**Nerto,** *comme répondant aux Voix qu'elle suit.*

Vers la Rome Nouvelle!
C'est le Port lumineux,
C'est l'Unique Salut!

RIDEAU.

# ACTE II

*Une place pittoresque d'Avignon dominée, au fond, par la masse féodale du Château des Papes. C'est jour de grande fête et de liesse populaire. Foule multicolore où se mêlent toutes gens : seigneurs et dames, bourgeois, pages, manants, clercs, frères quêteurs, ribauds et ribaudes, gens d'armes étincelants, spadassins déguenillés, médecins en robe et bonnet conique, bateleurs et bateleuses (dont un montreur de singes), gueux à béquilles, tire-laine vidant les poches distraites, etc.*

*Des marchands et des marchandes circulent dans la foule avec leurs éventaires, offrant et criant leur marchandise. Près d'une borne, un barbier rase en plein vent.*

*(Au lever du rideau, garçons et filles dansent une « ronde aux chansons ».)*

## SCÈNE PREMIÈRE

**La Foule.**

En Avignon, la Ville Sainte,
En Avignon, la Ville folle,
Au son des cloches tout le jour, *Alleluia !*
Toute la nuit au son des fifres,
Tournent, tournent les caroles.

C'est grand jour de liesse.
Farandole !

« Rosier de Mai fleurit au gai soleil,
Rosier d'amour fleurit au cœur » (1)

(1) Refrain d'une chanson populaire.

**Filles et Garçons.**

« Le joli nez! — Laissez-moi rire.
— Ah! le coquin! — A bas les mains!
— Veux-tu m'aimer? — J'en aime un autre.
— Mieux vaut danser! » (1)

**La Foule.**

Et que l'on danse au nom du Père,
Et que l'on danse au nom du Fils,
Sans oublier le Saint-Esprit,
Les Saints ni Madame Marie,
Les Chérubins,
Les Séraphins,
Les Cardinaux ni le Saint Père!
*Amen*!

**Filles et Garçons.**

« Oh! ces garçons! — Pas de façons!
— Le joli sein! — A bas les mains! »

**La Foule.**

Vive la ronde!
« Et le plaisir d'être au monde! »

**Un Marchand,** *portant une jarre.*

Eau fraîche, la bonne eau fraîche!

**Un Groupe d'Hommes.**

A d'autres!

**Une Marchande.**

A la bonne fougasse!
Roussoles chaudes!
Demandez! Demandez!

---

(1) Ancienne ronde.

**Un autre Groupe.**

Par ici! Voilà!...

**Second Marchand**, *suivi d'aides marmousets portant un panier rempli de pots de grès et des gobelets d'étain.*

Du vin! Demandez du vin!

**Un autre Groupe.**

A moi! — Un sol? — Deux sols!

*(Les marmousets distribuent des gobelets. — Parmi les buveurs, un moine. — Des marchandes de fleurs circulent dans la foule.)*

**Groupes divers.**

Et fleurissez vos dames
De primevères,
De capelans...
*(On achète des fleurs).*
Virez, cotillons!

Au voleur!...
*(On poursuit un voleur.)*
Vive la joie!
Allons, le pas!

**Le Moine**, *au milieu d'un groupe, psalmodiant et levant son gobelet.*

*Nunc est bibendum.*
*Papaliter bibamus!*

**Le Groupe**, *entrechoquant les gobelets et buvant.*

Buvons! *Bibamus! Amen!*

## SCÈNE II

**LES MÊMES, puis les MOINES DANSEURS, des MATASSINS, l'ABBÉ DES BÉJAUNES et les ESCHOLIERS.**

**Les Moines Danseurs.** (1).

*Entrée silencieuse d'une théorie de moinillons. Ils entrent en double file, les bras dévotement croisés, la mine doucement joviale, marchant d'un pas comme « feutré », à la fois souple et discret.*

**Un Groupe.**

*Ave*, les petits frères lais.

*Ils échangent deux par deux le salut monacal; puis, tournés face au public et rangés sur une seule ligne, ils gardent un instant l'immobilité de statues en oraison.*

**La Foule.**

Dansez, les frères lais !.. un vrai ballet de chérubins !...

La révérence !

*S'animant soudain, ils se mettent à danser allègrement.*

*Après un nouvel échange de révérences, ils sortent, en double file, comme ils sont entrés.*

---

(1) Les danses ecclésiastiques étaient d'usage au Moyen Age. On ne les dansait pas seulement dans les cathédrales et les cloîtres, mais aussi dans les rues, à certaines fêtes.

Les moinillons peuvent être, au besoin, remplacés par de très jeunes couples (ou, mieux, des garçonnets et des fillettes) dansant l'ancien *Branle des Hermites* où s'échangeaient « des œillades dérobées et discrètes » et, de couple à couple, des révérences à la façon monastique. Les paroles seraient alors : « Dansez, les beaux mignons d'amour, dansez — Dansez, les beaux mignons — Un vrai ballet de chérubins — Dansez, belles mignonnes — Les beaux mignons — La Révérence ». — Au lieu d'entrer en marchant, comme les moines, les couples entreraient en dansant.

**Les Matassins** (1).

*Tandis que les moines sortent, entrent les matassins.*

*La mine truculente, roulant des yeux de Tranche-montagnes, ils marchent la hanche en avant et fendus en compas, avec de brusques arrêts entre chaque enjambée et des gestes mécaniques de pantins bravaches. Bras nus et sonnettes aux jambes, affublés de morions en carton doré et de longs nez en carton rouge à moustaches énormes, cuirassés grotesquement, ils sont armés de boucliers et d'estocs en bois. Ils entrent par les deux côtés de la scène, divisés en deux groupes qui se rangeront en face l'un de l'autre et prendront des attitudes burlesques de défi.*

*Le combat s'engage.*

*Feintes, estocades, revers, taille haute, taille basse...*

*Tout le jeu en parodie de l'escrime chevaleresque.*

*A la fin, la moitié des combattants tomberont comme frappés à mort; les autres, un pied sur les vaincus, prendront des poses triomphales.*

**Un Groupe.**

Les Matassins!

Quels yeux furibonds!

Bataille!

Pif-paf. — Courage!

Nez de carton. — Sabres de bois — Gare à ton dos! — Gare à ton ventre! — Frappez d'estoc et de taille! — Sur le dos. — Sur le nez. — Bravo, les Matassins!

**La Foule.**

— A toi. — Attrape! — Sur le nez. — Sur le dos. — Sur le ventre. — Il est touché! Morts! Ils sont morts!

*De profundis!*

(1) Danse très populaire qu'on retrouve encore au XVIIIe siècle, sorte de pyrrhique grotesque. *L'Orchésographie* de Thoinot-Arbeau (Langres, 1539, 1 vol. in-8° avec planches) donne le détail des pas et des mouvements.

*Puis, les morts, brusquement, ressusciteront.*

Ego sum Resurrectio!

*(Rires.)*

*Vainqueurs et vaincus se serreront la main avec force démonstrations de loyauté matamoresque.*

**Les Bohémiennes.**

*La Zingarella, dans un petit groupe de Bohémiennes.*

**Un Groupe.**

Les Bohémiennes! Filles du diable!

*Vêtues de paillons, couronnées d'un chapel de fleurs, elles entrent d'un pas rapide, agitant au-dessus de leur tête le tambour de basque ou le sistre égyptiaque.*

*Danse lente et plastique de la Zingarella; évolutions et mimique de ses compagnes.*

*Allant de groupe en groupe, la Zingarella, diseuse de bonne et de mauvaise aventure, lira l'avenir dans les mains qui s'offrent à ses prédictions.*

*Puis, moqueuse, elle se détourne et reprend sa danse. Les autres bohémiennes la rejoignent.*

**La Foule.**

Filles de Satan! — Bonnes filles! — Maudites! — Quelle vermine! — Vivat!

*Danse tourbillonnante.*

*Sébiles tendues à la ronde, et le groupe se retire.*

*(Battements de mains.)*

### L'Abbé des Béjaunes et les Escholiers.

*Musique au dehors. Entrée, burlesquement solennelle, de l'Abbé des Béjaunes et de son cortège. Vêtu d'un costume mi-ecclésiastique, mi-laïque, il est monté sur un âne et coiffé d'une têtière à longues oreilles d'âne. Tambourins, violes et cymbales, une troupe de jongleurs vient en tête; puis, deux bedeaux d'université, en bonnets carrés de drap rouge et portant la masse de vermeil. Derrière l'abbé sur son âne, et précédés eux-mêmes de leurs enseignes déployées, dansent et chantent les Escholiers, bras dessus, bras dessous, quelques-uns en masques, d'autres portant leurs habits retournés, etc...* (1).

**Chœur des Escholiers.**

*Asinus in asino,*
*Vel asino asinior,*
*Asinorum Imperator,*
*Mente minor,*
*Auribus major,*
*Ecce venit, ineptorum*
*Ineptissimus,*
*Abbas Beanorum !*

**Un Groupe.**

Nous allons rire.

**La Foule.**

Gloire à l'Abbé des Béjaunes,
Plus âne que son âne !

**Un groupe de Femmes,** *dansant autour de l'âne et de son cavalier avec des révérences ironiques.*

« Eh ! Sire Ane, mais chantez :
Belle bouche rechignez !
Vous aurez du foin assez
Et de l'avoine à planté. »

---

(1) Voir la fresque de la Sorbonne. — Les *Béjaunes* sont les étudiants de première année.

**L'abbé des Béjaunes,** *imitant l'âne qui braie.*

Hi-han !

**La Foule.**

Gloire à l'Abbé des Béjaunes !

*(Au cours de la scène on a taquiné, picoté l'âne et l'Abbé ; on leur a tiré les oreilles, tout en leur offrant, à l'âne : du feuillage et des friandises ; à l'Abbé : de larges rasades.)*

*(Sortie du cortège — La foule suit.)*

## SCÈNE III

**LES VOIX DES SÉRAPHINS, NERTO.**

**Les voix des Séraphins.**

Nerto !... Nerto !...
C'est la Rome Nouvelle !
C'est le Port Lumineux,
C'est l'Unique Salut !

*(Entre Nerto, dans la même attitude, presque somnambulique, qu'à la fin du 1er acte, et dans le même costume, mais sali maintenant, déchiré, en haillons. Ses cheveux sont dénoués, elle a l'air épuisée de fatigue.)*

**Nerto,** *levant les yeux vers le château papal.*

Le château du Saint-Père !...

*(Elle en contemple l'énormité superbe avec une sorte de crainte et de découragement.)*

Ah ! que sa masse est formidable !...
C'est un géant rigide à l'armure de pierre,
Sentinelle farouche au seuil jaloux du Ciel.

L'Orgueil de sa Grand'Tour semble dire au pécheur :
« Arrière !...
» Au séjour des élus tu n'entreras jamais... »
Et c'est de là que parmi l'épouvante
Jaillit l'éclair de l'Anathème !

*(Reprenant espoir.)*

Mais c'est l'Archange aussi de l'immense Pardon.
Debout dans sa lumière d'or,
Il nous montre le Ciel.
C'est la Force clémente à la misère humaine.
C'est le robuste essor vers le trône divin
De l'universelle Prière ;
Et c'est de là que sur nos âmes consolées
Descend le geste qui bénit...

**Les voix des Séraphins.**

Espère !...

*(Les Voix s'éloignent lentement. Nerto, debout, semble les suivre de sa prière.)*

## SCÈNE IV

**NERTO, puis UN GROUPE DE GARÇONS ET DE FILLES, puis une PARTIE DE LA FOULE, puis RODRIGUE et ses ARCHERS.**

*(Retour de la Farandole. Quand elle entre en scène, elle est à demi débandée, réduite à huit ou dix garçons et filles. — Apercevant Nerto, restée en prière.)*

**Voix diverses.**

Regardez donc ! — La singulière fille !
L'air d'une châtelaine.
La cotte un peu fanée.

*(S'approchant; ironiques.)*

— Salut à vous, belle dame...

*(Surprise, effrayée, Nerto se retourne.)*

Vous ne dansez donc pas ?...

*(S'offrant pour danser.)*

Choisissez, choisissez !

. . . . . . . . . . . . . . . . . . . . . . . .

— Elle pleure... Comme elle est pâle !

*(Quelques garçons voudraient l'entraîner à la danse.)*

**Nerto.**

Éloignez-vous ! Ne me touchez pas !...
Je suis damnée !

*(On recule d'effroi, on se signe.)*

**Voix groupées,** *dans un murmure d'horreur.*

Damnée ! — Elle est damnée !
— Jésus-Dieu ! — J'ai peur.
— Arrière ! — Va-t-en !

**Une Voix.**

C'est une sorcière !
Voyez son œil de feu !

*(Attirés par le bruit, des hommes, des femmes, sont entrés progressivement en scène, isolés et par groupes, et leurs voix se mêlent aux autres voix.)*

**La Foule.**

Voyez — Goule d'horreur !
— Voyez son œil de feu !
— Des fagots ! — Au bûcher !
— A mort ! la sorcière !...
— A mort !

*(Terreur de Nerto. La foule, tout à l'heure prête à s'enfuir, maintenant s'ameute, l'entoure, menaçante. Des poings furieux se tendent. On va lui faire un mauvais parti... mais accourant à ce tumulte, voici des archers, et bientôt Rodrigue de Luno, leur chef.)*

**La foule.**

Les Archers ! les Archers !

**Rodrigue**, *à ses archers.*

Balayez-moi cette canaille.

*(Les archers font évacuer la place. Puis, sur un signe de Rodrigue, ils se retirent.)*

## SCÈNE V

**NERTO, RODRIGUE, puis le CORTÈGE PONTIFICAL.**

**Rodrigue**, *à Nerto, encore toute haletante de peur : d'un ton impératif.*

Et toi, la Bachelette, avance un peu.

*(Comme elle hésite, intimidée, offensée, aussi, de ce tutoiement; — avec un geste d'impatience :)*

Approche !

*(Elle fait quelques pas. — L'examinant et constatant tout de suite, en connaisseur, qu'elle est jolie — d'une voix plus douce.)*

Que fais-tu là ? Quel est ton nom ?

**Nerto.**

Nerto.

**Rodrigue.**

Un joli nom, corbleu !
Vraiment bien fait pour une fille si bien faite.

*(Il veut lui prendre le menton.)*

**Nerto,** *d'un ton simple et fier.*

Nerto, fille du Seigneur Pons,
Baron défunt de Château-Renard.

**Rodrigue,** *s'inclinant alors, mais d'un air dégagé.*

Mademoiselle!...

*(Se présentant.)*

Rodrigue de Luno, neveu du Très-Saint-Père,
Et capitaine de ses gardes,
Pour vous servir.

*(Nouveau salut, d'intention galante.)*

**Nerto.**

C'est donc à vous, Messire,
Que doit s'adresser ma requête.

**Rodrigue.**

Parlez.

**Nerto,** *avec prière.*

Conduisez-moi près du Saint-Père;
C'est à lui seul qu'il appartient de me sauver.

*(Sur un geste interrogateur de Rodrigue, confuse, hésitant d'abord devant l'aveu.)*

Hélas!

*(Sur un second geste qui l'encourage; se décidant enfin; avec douleur, et presque à voix basse.)*

Je suis damnée!

**Rodrigue,** *avec un sourire.*

Peste!

**Nerto.**

Par mon Père lui-même :
Oui, pour de l'or, livrée aux griffes de Satan!

**Rodrigue.**

Je ne plains pas le Diable...
Damnée? La belle affaire!
Et qui donc ne l'est pas?...
Ce n'est qu'un léger mal à prendre en patience;
Ou plutôt c'est un bien!...
Mais se damner, Mademoiselle,
C'est le piment nécessaire au plaisir,
C'est l'unique moyen de connaître sur terre
Les délices du Ciel!
Et si l'Enfer n'existait point,
J'irais, tout de ce pas, au palais du Saint-Père
Le supplier, à deux genoux, de l'inventer!

**Nerto.**

Ah! ne blasphémez pas!

**Rodrigue.**

C'est pourquoi, gentille Nerto,
Cueillons les fleurs de notre vie...
Et vous si jeune, et vous si belle,
Puisqu'un injuste sort, innocente, vous damne,
Hâtez-vous de goûter aux ivresses damnables!

**Nerto.**

Oh! le vilain langage et digne d'un païen!

**Rodrigue.**

Je n'ai qu'un Dieu : l'Amour. Qu'il soit aussi le vôtre!

**Nerto,** *avec une tendre mélancolie.*

L'Amour?... J'en ai connu le nom
Et j'en ai vu le doux symbole,
Autrefois...
C'était le temps heureux où dans la chambre haute,
Près de tante Sibylle, et déjà bachelette,

Je me penchais, le soir, sur mon livre d'Images...
Parmi les fleurs d'un jardin merveilleux,
On y voyait un enfançon tout rose
Dont la main potelée décochait une flèche
Droit au cœur d'un beau Chevalier...
Oh! la mignonne flèche d'or!...
Et l'enfant souriait; et malgré sa blessure
Le beau Chevalier souriait de même.

*(Baissant les yeux.)*

Ce Chevalier vous ressemblait un peu.

**Rodrigue**, *flatté.*

Un peu?... *(entreprenant)* Chère Nerto!

**Nerto**, *vivement.*

Mais je n'ai pas le droit d'aimer.

**Rodrigue.**

Ah! ne blasphémez pas!...

*(Avec une animation croissante.)*

Ne pas aimer, avec ces yeux,
Où comme un oiselet au clair d'une fontaine
Amour vient se mirer!

Ne pas aimer, avec ces lèvres
Où comme à l'églantine une abeille gourmande
Amour vient se nicher!

Ne pas aimer,
Ne pas aimer avec ces blonds cheveux,
Où comme à l'ondoiement de la vague marine,
Amour vient se bercer! (1)

**Nerto.**

Hélas!... mon pauvre cœur... je le sens défaillir.
...Et j'ai honte... et j'ai peur...

---

(1) Dans le goût des *Cansos* de troubadours.

**Rodrigue.**

O lèvres d'églantine,
Source claire des yeux,
Blonds cheveux, fleuve d'or et de flamme

**Rodrigue,** *avec chaleur.*

Laisse mes doigts d'une caresse
Les effleurer, ces blonds cheveux,
Ma lèvre y parfumer sa fièvre,
Mon cœur y noyer son désir!

ENSEMBLE

Oh! le beau fleuve aux vagues d'or!
Nerto, je veux y boire et boire encor.
L'arome qui me grise,
Qui trouble et charme ainsi mes sens,
Naît du rosier de ta jeunesse,
Du lin si blond de tes cheveux.
Ah! de mon cœur monte un Salut d'amour.
L'entends-tu pas qui chante?
Je ne veux pour mon ciel que ta seule tendresse.

**Nerto,** *se défendant contre l'émotion qui la gagne.*

Jamais si tendre cantilène
N'avait encor bercé mon cœur.
Oh! le beau rève où je m'endors!
Nerto, prends garde à son mirage d'or.
Hélas! ce n'est qu'une chimère
Qui trouble et charme ainsi tes sens.
N'espère plus, ô ma jeunesse,
Et pleure au seuil du Pays Bleu.
Non, désormais, ne crois plus à l'amour,
A ce qui rève et chante!
Dieu te ferme le ciel de l'humaine tendresse.

**Nerto,** *écartant Rodrigue avec douceur.*

Non, je n'ai plus le droit d'aimer.
Sur la terre, désormais,
Je n'ai plus droit qu'à la souffrance !

*(A ce moment, un hymne s'élève au lointain, puis va se rapprochant.)*

Ecoutez... Ce chant religieux?

**Rodrigue,** *dépité de ce contretemps.*

C'est le Saint-Père et son cortège
Revenant du palais.

*(Entrée du cortège. Un groupe de prêtres et de religieuses, chante un hymne pontifical.*

*Bientôt, dans tout l'appareil de sa magnificence souveraine, entouré de sa garde-noble, suivi de cardinaux, d'évêques, d'abbés mitrés, de moines, de nonnes, de pénitents, le Pape-Roi, tiare en tête, paraît, bénissant la foule revenue et qui s'est agenouillée.)*

*(Nerto s'agenouille la première, Rodrigue s'incline.)*

**Chœur des Prêtres et des Nonnes.**

*Sacerdos et Pontifex*
*Et virtutum opifex,*
*Bone pastor in populo,*
*Sic placuisti Domino... etc...*

*(Nerto, qui s'est relevée, supplie Rodrigue, d'un regard et d'un geste, de la présenter au Saint-Père...*

*Redoutant la décision pontificale, qu'il pressent, Rodrigue se détourne à demi.*

*Dans un mouvement d'imploration, Nerto, seule, fait alors quelques pas vers le Pontife. Rodrigue voudrait la retenir. Le cortège s'arrête. Un regard du Pape interroge Rodrigue.)*

**Rodrigue**, *s'avançant enfin et présentant Nerto, mais à contre-cœur.*

Nerto, fille du Seigneur Pons,
Par son père, dit-elle,
Vendue à l'enfer.

**Nerto**, *à genoux, dans un sanglot.*

Pitié !

*(Ému de compassion, le Pape offre l'anneau d'or à ses lèvres, qu'elle y appuie humblement. Puis, de la main, avec lenteur, il désigne à la jeune fille, maintenant debout, un groupe de religieuses... Deux pas de Nerto vers les nonnes... Un instant elle hésite, chancelle, recule même... Elle tourne un dernier regard du côté de Rodrigue qui va s'élancer, mais que son geste retient, et dans le groupe qui s'est ouvert pour l'accueillir, elle s'éloigne enfin avec la procession. — Reprise de l'hymne.)*

*(Rodrigue reste seul en scène, pâle, serrant les poings.)*

RIDEAU.

# ACTE III

*(Une abbaye de nonnes, près d'Avignon. Dans l'église abbatiale, sur l'un des bas-côtés, un grand et riche oratoire d'où l'on aperçoit, se profilant calme et profonde, la perspective de la nef et de ses hautes colonnes. Une baie à verrière s'ouvre, à hauteur d'appui, sur la campagne provençale. Au loin, le cours bleuâtre du Rhône. C'est le commencement de l'automne. Le crépuscule va descendre.*

## SCÈNE PREMIÈRE

**NERTO**

*(Nerto, seule, vêtue de l'habit monastique, est agenouillée.)*

Nerto, *cessant de prier.*

La prière me fuit...
Mon âme rêve et n'entend pas
Ma lèvre distraite...
Ah ! que ne puis-je, hélas ! ainsi que mes sœurs,
Mourir aux voix de la terre,
Et ne plus rien connaître et ne plus rien aimer,
Seigneur que votre nom !...

*(S'approchant de la verrière, dont elle ouvre un vantail).*

Voici déjà l'automne...
A l'approche du Soir,
Beau prince langoureux couronné de lilas,
La campagne sourit, pensive et nuptiale;
Et le Rhône, là-bas, de nacre et d'azur pâle,
Semble une écharpe vaporeuse
Qui déjà se dénoue du col de l'épousée..

*(Un silence plein de regrets. Se révoltant contre sa tristesse, et s'éloignant de la verrière :)*

Mais pourquoi ces pensers profanes et coupables ?
Dans le charme du Soir,
Dans la beauté du Ciel, de la Terre et des Eaux,
Satan vaincu, pour ressaisir sa proie,
Me tend ses pièges redoutables...
Prions !...

*(Elle revient s'agenouiller. Mais voici qu'au dehors s'élève, d'abord éloignée, puis se rapprochant, une allègre chanson. Nerto s'arrête, elle écoute... et le charme de la chanson rustique peu à peu la ramènera, comme fascinée, jusqu'à la verrière.)*

**Une Voix,** *au loin.*

« Bonsoir, monsieur l'époux,
Madame l'épousée...
Et nous dans la rosée
Dansons comme des fous.

Au clair de lune et tous en rond
Jusqu'à demain les fous danseront » (1).

**Nerto.**

Une chanson de noces !...
Je la chantais naguère...
Elle est venue, fidèle,
Battre de l'aile aux verrières du cloître,
Et m'apporter le parfum de la vie,
Des champs et de l'amour...

*(Reprenant, comme inconsciente, les premiers mots de la chanson, puis s'arrêtant court : )*

---

(1) Ancienne chanson paysanne.

Non, je n'ai plus le droit d'aimer...
Et cependant je l'aime;
Et c'est vers lui, toujours, que s'évade mon cœur,
Et de lui tout m'est cher, jusqu'à cet air frivole
Où s'unit tant de grâce à si mâle fierté !
Je l'aime...
Seigneur, vous voyez ma faiblesse :
Elle revient toujours à sa faute première.
Secourez-moi, mon Dieu, contre moi-même
Et contre la douceur coupable d'aimer...

*(Comme vaincue et portant la main à son cœur.)*

Mais son image est là : je ne puis l'en chasser.
Pardonnez-moi, Seigneur.

*(Elle tombe à genoux et s'abîme en une fervente prière, traversée pourtant de sanglots contenus. Reprise de l'orgue, dans l'église, tandis qu'au fond entre les colonnes, paraît Rodrigue, enveloppé d'une cape. Il approche lentement, silencieux, et s'arrêtant à quelques pas de Nerto qui ne la voit pas, la contemple longuement.)*

## SCÈNE II

**NERTO, RODRIGUE.**

**Rodrigue**, *avec douceur.*

Ne pleure pas!

**Nerto**, *se levant effrayée, et le reconnaissant.*

Rodrigue !... Vous ici !

*(Un geste d'interrogation et de reproche.)*

**Rodrigue**, *répondant à ce geste.*

Oui, je sais qu'une loi sacrée
Défend la grille de ce cloître ;
Que mon audace criminelle
Mérite l'anathème.
Oui, je sais tout cela...
Mais je sais mieux encore,
Nerto, que je t'aime !

**Nerto.**

Au nom du Ciel !

**Rodrigue.**

Aussi, me riant des grilles,
Me riant d'une loi iniquement sacrée,
Je viens te dire : « Me voici ».
Et je viens dire à ta Jeunesse,
A ta Beauté, à ton Amour,
Car tu m'aimes !

**Nerto**, *dont l'amour voudrait mentir.*

Non, je ne t'aime pas !

**Rodrigue**, *poursuivant.*

« Beauté, Jeunesse, Amour,
» Réveillez-vous ! Venez !
» Quittez la prison de ce cloître,
» Quittez la prison de ces voiles,
» Et libres enfin, fuyez avec moi
» Vers la Lumière et le Bonheur ! »

**Nerto**, *l'arrêtant d'un geste.*

Arrête !...
J'appartiens au Seigneur
Et je mourrai son Épouse fidèle.

**Rodrigue**, *avec prière.*

Nerto !

**Nerto.**

Je ne suis plus Nerto...
Je ne suis plus qu'une humble et pâle nonne...
Cherchez ailleurs l'heureuse et belle vierge
Que vous conduirez à l'autel.

**Rodrigue.**

Je ne veux que Nerto !

**Nerto.**

Je ne suis plus Nerto...
Vous me disiez jadis : « Que vos cheveux sont beaux ! »
Le fer les a coupés, ces cheveux sacrilèges
Où flamboyait l'Enfer !...

**Rodrigue**, *dans un cri.*

Cruelle !...

*(Avec des larmes.)*

Cruelle !...
Blonds cheveux de l'Aimée,
Cheveux que j'adorais,
Hélas, le baiser de ma lèvre
N'aura donc point connu votre suavité !

*(Il pleure.)*

**Nerto.**

Console-toi !... il est d'autres tendresses...
Ravis sur l'aile des prières,
Retrouvons-nous au céleste séjour.
Là, délivrés des passions humaines,
Nos âmes s'uniront dans une pure extase.

Veux-tu chérir Nerto d'un amour immortel
Et plus tendre?
Ne l'aime qu'en Dieu!

**Rodrigue** *qui, cependant, s'est relevé peu à peu et qu'une fureur jalouse a gagné : avec éclat.*

Ton Dieu n'est plus le mien!...
Ton Dieu n'est plus pour moi qu'un rival abhorré!
C'est lui qui de mes bras t'arrache lâchement;

**Nerto**, *implorant.*

Tais-toi!

**Rodrigue.**

Il te défend la joie et le soleil;
Et ta beauté, plus divine qu'un pareil Dieu,

**Nerto.**

Crains sa colère!

**Rodrigue.**

Sa rage sacrilège
L'insulte et la mutile...
Tyran de la Vie, Bourreau de l'Amour,
A ce dieu-là, dieu de ténèbres et de larmes,
Je préfère Satan!...
*(Geste d'horreur et cri étouffé de Nerto.)*
Veux-tu me suivre vers la vie?

**Nerto.**

Veux-tu donc que je meure?

**Rodrigue.**

Veux-tu me suivre vers l'amour?

**Nerto.**

Veux-tu me rendre à l'Enfer?

**Rodrigue.**

Viens, je le veux.

**Nerto.**

Je ne puis.

**Rodrigue,** *cherchant à l'entraîner de force.*

Viens!

**Nerto.**

Grâce!...

*(Tombant à genoux et secouée d'un grand frisson, presque à voix basse.)*

L'Enfer!...

. . . . . . . . . . . . . . . . . . .

**Rodrigue,** *après un silence, avec une rage concentrée et sarcastique.*

Ah! c'est l'Enfer que tu redoutes...
Eh! bien!... moi... j'y cours avec joie!

**Nerto,** *se relevant épouvantée.*

Ah!

**Rodrigue.**

Et là, devant ton Dieu et dans son antre même,
Là, Nerto sous tes yeux,
Je me livre à Satan!

**Nerto.**

Non, non!

**Rodrigue.**

C'est ma vengeance!...

*(Saisissant le cor suspendu à sa ceinture, il en sonne à pleins poumons. A cet appel, du fond de l'eglise, du dehors par les verrières de l'oratoire qui volent en éclats, glissant des voûtes par des cordes ou le long des colonnes, tout un flots de soudards fait irruption dans l'oratoire.)*

## SCÈNE III

**NERTO, RODRIGUE, puis LES SOUDARDS, puis LES NONNES.**

**Rodrigue.**

Venez!...
Venez, compagnons d'aventure et de fête!
Pillez! Saccagez!
Tous ces trésors, je vous les donne.

**Les Soudards.**

Pille! Pille!

*(De l'oratoire ils se répandent, courant de côtés divers, dans le nefs qu'ils mettent à sac.)*

**Les Nonnes**, *accourant, puis s'arrêtant, saisies d'horreur.*

Sacrilège!

**Les Soudards.**

Sac et butin!

**Les Nonnes.**

*Christe, eleison!*

*(A la vue des nonnes, quelques soudards vont se ruer vers elles. Mais Nerto, dans un mouvement de terreur, s'interpose, les bras étendus, et Rodrigue lui-même, d'un geste impérieux, les arrête. Un silence.)*

**Rodrigue**, *montrant l'église profanée.*

A ta gloire, Satan!

| **Les Soudards.** | **Les Nonnes.** |
|---|---|
| A ta gloire! | Sacrilège! |

**Rodrigue.**

Satan, dieu de Toute-Puissance,
Satan, dieu de Toute-Beauté,
Satan, dieu de vie et de joie,
Dieu de la volupté,
Dieu des rouges ivresses,
Satan, Satan, réponds à ma voix.

**Les Nonnes.**

*Parce, Domine.*

*(Brusque apparition de Satan couronné d'or et de rubis, drapé de pourpre impériale, dans une attitude d'orgueilleux triomphe.*

*Les nonnes s'enfuient épouvantées. Les soudards eux-mêmes reculent, pas à pas d'abord et luttant contre leur effroi; vaincus enfin, ils tournent le dos et s'enfuient également.*

*Rodrigue et Nerto restent seuls en scène.)*

**Rodrigue**, *faisant quelques pas vers l'apparition.*

Salut, Roi de la terre
Si complaisant à mon appel!
Je veux de toi tous les biens d'ici-bas :
Je veux les Honneurs,
Je veux la Richesse,
Je veux la Puissance,
Et je veux le Baiser de toutes les plus Belles...
En échange il te faut mon âme?

*(Avec un geste las de méprisante aumône.)*

Je te la donne!

*(Désignant Nerto, ironique.)*

La sienne a plus de prix sans doute :
Mais son Dieu te l'a volée !...
Du moins, au même jour où tu devais la prendre,
A la même heure, à minuit,
Viens prendre la mienne !

**Nerto**, *poussant un cri étouffé.*

Ah !...

**Rodrigue**, *à Nerto.*

C'est toi qui l'as voulu !

*(Vers Satan qui d'un geste accepte le marché, il s'avance alors, tête haute. Nerto, éperdue, essaie vainement de le retenir.)*

**Nerto.**

Pitié pour Nerto !

**Rodrigue.**

Tu n'en eus point pour moi.

**Nerto.**

Tu cours à la mort !

**Rodrigue.**

Je cours à la vie !

**Nerto.**

A l'Enfer !

**Rodrigue.**

Il vaut mieux que ton Ciel !

*(Repoussant enfin Nerto, et s'arrêtant à deux pas de l'Apparition.)*

Je suis à toi.

*(Second geste de Satan qui conclut le marché. L'Apparition disparaît. Nerto chancelle, défaille.)*

*(Rodrigue, à cette vue, s'est ressaisi d'un violent effort. Il court à Nerto presque évanouie.)*

**Rodrigue.**

Nerto !... Pardonne !

**Nerto,** *l'écartant avec douceur, d'une voix brisée.*

Adieu !

**Rodrigue.**

O ma Nerto, te quitter, c'est mourir.

**Nerto.**

Si tu m'aimes, va-t-en !

**Rodrigue.**

Mais tu m'aimes !

**Nerto,** *dans un aveu détourné.*

Peut-être !... Va-t-en !...

*(Désespéré, Rodrigue, les yeux tournés vers elle, peu à peu se retire.)*

**Les Nonnes,** *dans l'intérieur de l'abbaye.*

*Jesu, corona virginum,*
*Qui pergis inter lilia...*

*(Nerto, par un mouvement impulsif, lui adresse, de la main, un timide, un suprême baiser.)*

*(Mais comme Rodrigue, dans un retour d'espoir, va s'élancer vers elle, d'un geste, alors, elle arrête son élan... Il recule à nouveau, lentement, et disparait enfin, tandis que Nerto, à bout de forces, pleure amèrement, la tête dans ses mains.*

RIDEAU.

# ACTE IV

---

*Au château magique du Diable, un an plus tard. Une vaste salle somptueuse, d'architecture sarrazine et surtout fantastique, décorée de hautes plantes étranges, violemment éclairée d'un étincellement de lumière verte et rouge.*

## SCÈNE PREMIÈRE

**RODRIGUE, LES PÉCHÉS CAPITAUX.**

*Sur un lit de repos, que plusieurs marches surélèvent comme un trône, luxueusement vêtu, couvert de joyaux, Rodrigue est accoudé, songeur. Sur les marches, debout, assises, agenouillées en des attitudes diverses d'adoration, Paresse, Luxure, Avarice (1), Colère, Gourmandise, toutes cinq très belles et symboliquement costumées; Paresse et Luxure jouent de la mandore et du psaltérion. Au bas des marches, à quelques pas en avant, et non moins belle que ses sœurs, Orgueil, debout, balance un encensoir fumant.*

*Aux deux côtés du lit de repos, deux autres groupes féminins symbolisent l'ensemble des mauvaises passions.*

**Toutes**, *sur un ton d'apothéose.*

Vers ta Beauté, vers ta Puissance,
O jeune dieu,
Monte l'encens de nos désirs
Et de nos louanges unies...

**Orgueil, Colère, Luxure.**

Et comme aux bois ensommeillés
Ne s'éveille la vie que s'il plaît au Soleil,

---

(1) Avarice, au sens latin de cupidité.

Notre joie ne s'éveille et chante
Que s'il te plaît de nous aimer.

**Toutes.**

O jeune dieu, notre idole suprême !

*(L'une après l'autre, tentatrices chacune à sa manière, elles se lèvent et s'approchent de Rodrigue, toujours songeur, qui ne leur prêtera qu'une attention distraite et lasse.)*

**Avarice.**

Reconnais-moi : je suis la Déesse de l'Or,
Et pour de l'or tout se vend sur la terre.

*(A peine un regard.)*

**Paresse.**

Reine du frais sommeil et de l'heureux oubli,
Reconnais la Paresse.

*(A peine un sourire.)*

**Colère.**

Je suis l'éclair furieux de l'Épée
Et le tonnerre de la Gloire !

*(Rodrigue, se soulevant à demi, l'a regardée un instant, d'un regard fixe.)*

**Gourmandise.**

Moi, je tends au vainqueur la coupe de l'orgie.

*(Un regard qui ne voit pas.)*

**Luxure.**

Et moi, l'âpre saveur de mon rouge baiser.

*(Il abandonne sa main au baiser de Luxure, puis il retombe à sa tristesse.)*

**Orgueil, Gourmandise, Paresse.**

Richesse, Gloire, Volupté,
Fleurs de chair et de sang, fleurs d'or et fleurs de rêve,
Nous t'offrons le bonheur...

**Toutes.**

Reconnais-moi !

**Orgueil,** *écartant ses compagnes.*

Ah ! sur tes yeux aimés et qui devraient sourire
Pourquoi ce voile de tristesse ?
As-tu donc oublié que le Monde est à Toi ?
Toutes Beautés, toutes Grandeurs, toutes Sciences,
Autant d'esclaves à tes genoux.
Que faut-il à tes vœux ?
Ah ! savoure la joie de vivre,
Et que tes Passions, se couronnant de roses,
S'enivrent au festin que Satan va t'offrir !

*(Rodrigue, cependant, arraché à sa rêverie, s'est enfin levé, à regret. Nonchalamment il a descendu les marches ; et passant la main sur son front comme pour en chasser une trop chère tristesse, il essayera de se prêter aux diverses tentations que, sur un signe de l'Orgueil (qui se retire ensuite, suivie de ses sœurs) le ballet va lui présenter.)*

# BALLET

## I

*C'est d'abord l'assaut des Tentations Gourmandes, sous la forme de jeunes femmes personnifiant, les unes, des fleurs : roses, lis et glaïeuls (1) ; d'autres, des faisans, des cygnes, des paons ; d'autres encore, le Vin, la Cervoise, le Cidre, l'Hydromel, enguirlandées, celles-là, de raisins, de houblon, de pommes) ou vêtues de robes semées d'abeilles ; d'autres enfin les fruits des différentes saisons, depuis la rose fraîcheur de la cerise printanière jusqu'à la chaude beauté des fruits de l'automne. A ces jeunes femmes se mêleront de jeunes varlets, en « bliauts de soie dorée » à parements de vair et d'hermine, portant des hanaps, des aiguières d'argent et d'or... Mais les fleurs, et les mets, et les coupes, Rodrigue, dédaigneux, les écartera ; et de même tous les fruits... sauf un pourtant dont la pourpre embaumée tente sa gourmandise. Il le prend, il y goûte... Le beau fruit est amer ; il le rejette avec dégoût et son geste met en fuite les Tentations Gourmandes.*

*Au cours de ce qui précède brève apparition de figures démoniaques. Elles traversent rapidement le fond de la scène. Rodrigue ne les voit pas.*

## II

*C'est la nuit, maintenant, ou presque la nuit. Mais voici que dans l'ombre s'allument et voltigent, comme autant de lucioles, un, puis deux, puis par groupes successifs, tout un essaim de feux dansants, aux couleurs diverses, qui s'entrecroisent autour de Rodrigue. Émeraudes, rubis. saphirs, améthystes, topazes, c'est l'essaim chatoyant des Pierreries, qui cherchent vainement à le fasciner. Un diamant, seul, y réussit, magnifique ruissellement d'éclairs. Mais sous la main qui l'a saisi, le diamant aussitôt s'éteint. Toutes les autres gemmes s'éteignent en même temps ; et Rodrigue, dans la nuit accrue, n'est plus qu'un aveugle cherchant à tâtons son chemin.*

---

(1) Fleurs habituelles des festins au Moyen Age.

### III

*Lumière tamisée de l'aurore. Vêtues de blanches gazes diaphanes, un pavot noir au sein, les blondes Indolences, étirant la blancheur de leurs bras langoureux, invitent Rodrigue au sommeil. Un instant il sourit à la plus douce. Mais dans l'or du soleil qui maintenant flamboie, accourt la brune Volupté, le sein fleuri d'une rose rouge, dont les mines provocantes le détournent de l'autre femme. Il voudrait l'atteindre. La Volupté, d'abord, feint de se dérober. Elle cède enfin. Mais sur la bouche qui s'abandonne, à peine a-t-il mis un baiser que soudain la Volupté s'évanouit comme une ombre ; et de toute sa beauté plus rien ne reste qu'un macabre squelette devant lequel Rodrigue reculera d'horreur* (1).

*Au fond de la scène, passage rapide, comme précédemment, de figures démoniaques.*

### IV

*Soleil couchant de pourpre sanglante. Au fond de la scène, apparition, parmi d'épiques claironnées et dans une lumière d'apothéose, de la Gloire Guerrière, aux ailes d'or. Elle tend à Rodrigue la palme de victoire, et le cœur du Chevalier, cette fois, a profondément tressailli. Il marche, extasié, vers l'éblouissante vision. Mais à mesure qu'il avance, l'éclat en pâlit et, bientôt, meurt ; la forme elle-même s'estompe, s'efface, disparait enfin ; et de la Gloire, que Rodrigue essaie vainement d'étreindre, plus rien ne reste qu'un peu de fumée.*

## SCÈNE II

**RODRIGUE, puis successivement LES PÉCHÉS.**

**Rodrigue,** *seul, dans un appel d'angoisse désespérée.*

Nerto !

*(Puis dans un sanglot mêlé de prière :)*

---

(1) Dans le goût des peintures et des bas reliefs macabres du Moyen Age et de la Renaissance.

Nerto !...

*(Ce cri douloureux, ce nom qui pour eux est l'ennemi, ramène en scène les Péchés : Orgueil la première, puis les autres sœurs, arrivant de côtés divers. Humiliées de leur défaite et le cœur plein de rage, elles vont tenter un suprême effort.)*

**Orgueil et Luxure.**

Encor ce nom,
Toujours ce nom,

**Toutes.**

Ce nom plus vain qu'une ombre vaine !

**Rodrigue,** *dans un rêve.*

Chère Nerto !

**Toutes.**

Viens !

*(Rodrigue tressaille ; mais d'un geste, sans se retourner, il repousse les mauvais désirs.)*

**Rodrigue.**

Et voici le soir où je dois mourir...
Mourir sans la revoir !...
Que fait-elle à cette heure ?...
Dans la chapelle, mains jointes,
Elle prie...

*(Recul à ces mots du groupe satanique.)*

Pour moi, peut-être...
Ah ! que ces vils plaisirs, où mon regret se vautre,
Me font horreur et dégoût !
Fausse richesse, faux baisers,
Ivresses fausses, fausse gloire,
Je vous méprise, je vous hais !

**Toutes**, *désespérées et furieuses, se ruant autour de Rodrigue dans un dernier assaut.*

Ingrat !...
Souviens-toi !...

**Rodrigue.**

Je me souviens pour vous maudire...

*(Avec une exaltation croissante.)*

Par vous j'ai tout perdu, le Bonheur et la Foi ;
J'étouffe !... Oh ! je voudrais un peu d'air et de jour.
J'ai soif !... Oh ! je voudrais, avant de mourir,
Un peu d'eau fraîche et pure.
Moi, l'infâme Débauche,
Moi, le damné,
J'ai soif d'un pur sourire,
J'ai soif de pur amour !
Nerto ! ma pure Nerto !

*(Comme attirée par l'aimant d'un si fervent regret, Nerto paraît à l'entrée de la salle. Elle a sa robe de nonne. Elle entre lentement, aux lèvres un calme sourire, et devant sa pureté souveraine, bientôt vaincus après un impuissant essai de lutte, les Péchés, pas à pas, reculent jusqu'à l'autre bout de la scène, et, brusquement, disparaissent enfin.)*

## SCÈNE III

**RODRIGUE, NERTO, puis le CHŒUR DES SÉRAPHINS.**

**Rodrigue**, *avec un mouvement de joie étonnée qui doute encore.*

Elle !...
Oui, c'est Elle !

*(Dans un élan d'amour il va courir vers Elle qui lui tend les bras. Mais soudain, et devant ce geste même qu'il ne peut encore comprendre, il s'arrête... et jetant un regard autour de lui, regard plein de honte et d'effroi :)*

Mais vous ici!... Comment?... Pourquoi?

**Nerto**, *simplement.*

Je suis venue guidée par le Seigneur.

**Rodrigue.**

Dieu te conduire chez Satan!

**Nerto.**

Dieu lui-même.

**Rodrigue.**

Dans l'immonde séjour du vice et de la honte!

**Nerto.**

Ici-même.

**Rodrigue**, *dans un retour d'amertume.*

Pour me sauver peut-être?...
Trop tard!

**Nerto.**

Pour me damner avec toi...
N'est-il pas juste que Nerto
Se damne avec celui qui s'est damné pour elle?..

**Rodrigue**, *fléchissant le genou.*

O merveille d'amour et de pur sacrifice!
Chaste victime,
Vierge adorable!

*(Il baise pieusement le bas de sa robe. Se relevant.)*

Mais vous damner pour moi,
Moi le vautour, vous la colombe,
Jamais!

**Nerto.**

C'est moi qui t'ai livré,
C'est moi qui t'ai perdu.

**Rodrigue.**

C'est moi le seul coupable :
A moi le châtiment!...
Ne m'as-tu donc point vu, naguère, sous tes yeux,
Fouler aux pieds la croix
Et vendre mon âme?
Et tout à l'heure encore,
Ici-même,
Tous les plus vils péchés me saluaient leur dieu!

**Nerto,** *battant sa coulpe.*

*Mea culpa!* tous ces péchés sont miens.
Commis pour moi, c'est moi qui les ai tous commis.
Je suis la sirène fatale
Qui mène la nef aux écueils.
Je suis la funèbre sorcière
Qui verse le philtre mortel...
Ah! ton seul crime, à toi, c'est de m'avoir aimée.

**Rodrigue,** *comme naguère Nerto, essayant de mentir.*

Non, je ne t'aime pas!

**Nerto.**

Mais de la faute, un jour,
Surgit la peine méritée...
Dieu de toute justice,
Toi qui sais châtier,
Fais que ce même amour qui damna ma victime
Enfin me damne à mon tour.

*(Marchant vers Rodrigue.)*

Je suis à toi !

**Rodrigue**, *reculant avec une sorte de terreur.*

Non !

**Nerto.**

Venge-toi !... Je t'aime !

**Rodrigue.**

Non, non, ne m'aime pas !...
Épouse du Seigneur, oublies-tu donc tes vœux ?
Au couvent !

**Nerto.**

Dans mes bras !

**Rodrigue**, *suppliant.*

Retourne au monastère :
Aux pieds du Seigneur oublie-moi.

**Nerto.**

Je n'ai plus droit à la prière.

**Rodrigue.**

Mais as-tu droit, si jeune, à la mort,
Si pure, à la honte ?

**Nerto**, *avec une obstination à la fois mystique et nerveuse.*

La mort avec toi,
Avec toi l'Enfer !

**Rodrigue**, *avec violence.*

Va t'en !... Va t'en !...

. . . . . . . . . . . . . . . . . . . .

**Nerto.**

Ne suis-je donc plus belle?...
Regarde!

*(Arrachant le voile monastique, elle apparaît dans la délicieuse beauté de sa jeunesse. Son col, ses épaules sont nus. Ses cheveux, maintenant repoussés, se dénouent brusquement en vagues fauves.)*

**Rodrigue**, *dans un cri étouffé d'admiration et d'amour.*

O ma Nerto!...

**Nerto.**

Regarde!...

*(Avec une grâce coquette.)*

N'ai-je donc plus ces yeux d'aube et de source claire?

**Rodrigue**, *avec une angoisse passionnée.*

Non, tu n'es plus belle!

**Nerto.**

N'ai-je donc plus ces beaux cheveux d'or et de flamme,
Fleuve de chauds parfums,
Espoir de ton désir?

**Rodrigue.**

Tu n'es plus belle.

**Nerto.**

N'ai-je donc plus, enfin, cette bouche fleurie
Que tu disais pareille à l'églantine rose
Et faite pour offrir le nid de son calice
Aux baisers?

**Rodrigue**, *avec désespoir.*

Non, non, tu n'es plus belle!

**Nerto**, *déjà sûre de sa victoire, avec une grâce impérieuse.*

Viens, c'est Nerto!

*(Tendrement.)*

Ta Nerto!

**Rodrigue**, *se défendant encore.*

Laisse-moi.

**Nerto.**

Je suis toujours Nerto.

**Rodrigue**, *à demi vaincu et dont l'attitude dément les paroles.*

Va-t'en!

**Nerto**, *lui tendant les bras.*

Viens!

*(Rodrigue enfin succombe. A la fois enivré et désespéré, il court à Nerto et l'étreint passionnément sur son cœur.)*

**Rodrigue.**

O coupable délice!

**Nerto.**

Délice de mourir aux bras du bien aimé!

**Rodrigue.**

Délice où le remords ajoute à mon ivresse!...
Donne ta lèvre, ô belle vierge,
Et reçois de la mienne un baiser,
Le baiser nuptial et funèbre.

**Nerto**, *à elle-même.*

Premier baiser, plus cher encor
D'être aussi le dernier,
Pauvre baiser de ma triste jeunesse
Qui va perdre mon âme!

**Rodrigue.**

Très chaste épouse,
Donne ta lèvre pure !

**Nerto,** *fiévreusement.*

Prends ma lèvre maudite !

**Rodrigue.**

Que tes cheveux si doux soient comme un lit d'amour
Où ma faute s'endorme !

**Nerto,** *dans un rêve.*

Un lit d'amour !...
Un lit d'amour où damnée, mais heureuse,
Près de ton cœur et pour jamais
Ta Nerto s'endort...

*(Elle abandonne sa tête sur l'épaule de Rodrigue. Un long baiser. A ce moment minuit sonne très lentement.)*

**Rodrigue,** *se ressaisissant le premier et se dégageant peu à peu des bras de Nerto.*

La mort !...

*(Avec un frisson.)*

Nerto va mourir !... et mourir par moi !

**Nerto,** *ne sortant qu'à peine de son rêve.*

Mourir près de toi !

**Rodrigue.**

L'Enfer ! Toi la plus sainte !

**Nerto,** *se blottissant de nouveau contre le cœur de Rodrigue.*

Avec toi, c'est le ciel !

*Au douzième coup de minuit, grondement sourd de tonnerre souterrain. Dans un flamboiement de fournaise mêlé de noires fumées d'abîme, apparition de Satan, hideux, cette fois, de toute sa hideur immonde et dominant un groupe de démons. La tête penchée sur l'épaule, dans une attitude ironiquement paternelle, il tendra les bras aux deux amants. Rodrigue et Nerto se sont retournés face à l'Apparition.*

*La première, les bras en croix, illuminée de la joie du sacrifice, Nerto marche vers Satan.*

**Rodrigue,** *s'interposant d'un bond.*

A moi seul de mourir!

**Nerto,** *suppliante.*

A moi de mourir la première.

*(Elle reprend sa marche.)*

**Rodrigue,** *lui barrant de nouveau le passage puis, se ruant, l'épée haute ; à Satan :*

Non, tu ne l'auras pas...

*(L'épée s'abat. Dans un fracas d'orage, l'apparition s'éteint. Rodrigue, puis Nerto, chancellent, tombent.*

*Nuit sur la scène.*

*Mais là-haut, à travers l'ombre qui, bientôt, se dissipe, voici qu'aux yeux extasiés des amants qui se soulèvent à demi sur les marches du lit de repos, transparaît, puis se précise, tendrement lumineuse, une douce vision de Paradis.*

*Parmi les « saintes fleurs », entourée de Séraphins qui chantent et jouent de la viole ou du théorbe, c'est la Vierge du Bon Secours ouvrant, elle aussi, les bras au couple mourant.*

**Les Séraphins,** *dans l'éloignement.*

*Ecce Mater dulcissima.*

**Rodrigue et Nerto.**

Les Voix célestiennes!...

**Les Séraphins.**

*Mater misericordiæ.*

**Nerto,** *lui joignant les mains pour la « Salutation angélique », puis joignant à son tour les siennes.*

*Ave Maria.*

**Rodrigue,** *comme un enfant docile, répétant après elle.*

*Ave Maria.*

**Les Séraphins.**

*Fons amoris et veniæ...*

**Rodrigue et Nerto.**

*Gratia plena...*

**Les Séraphins, Rodrigue et Nerto,** *d'une voix qui s'éteint.*

*Cœli porta.*

*(Souriants et leurs mains unies, ils s'endorment ensemble dans la mort.)*

RIDEAU.

**PARAIT TOUS LES VENDREDIS**

*(Bureaux : 2 bis, rue Vivienne, Paris, 2e)*

# LE MÉNESTREL

**Journal hebdomadaire**

| Le N° 75 cent. *(Texte seul)* | MUSIQUE ET THÉATRES **JACQUES HEUGEL, Directeur** | Le N° 75 cent. *(Texte seul)* |
|---|---|---|

## QUATRE MODES D'ABONNEMENT

*(à l'année seulement)*

1er MODE. — TEXTE SEUL

Un an, Paris et Province . . . . . . . . . . . . . . . . . . . . . **20** francs.

2e MODE. — TEXTE ET MUSIQUE DE PIANO

*Comprenant le journal-texte, vingt-six morceaux pour piano envoyés de quinzaine en quinzaine, et des partitions ou albums-primes au 1er janvier.*

Un an, Paris et Province . . . . . . . . . . . . . . . . . . . . . **40** francs.

3e MODE. — TEXTE ET MUSIQUE DE CHANT

*Comprenant le journal-texte, vingt-six morceaux de chant envoyés de quinzaine en quinzaine, et des partitions ou albums-primes au 1er janvier.*

Un an, Paris et Province . . . . . . . . . . . . . . . . . . . . . **40** francs.

4e MODE. — ABONNEMENT COMPLET

*Comprenant le journal-texte, les cinquante-deux morceaux de piano et de chant et les partitions ou albums-primes au 1er janvier.*

Un an, Paris et Province . . . . . . . . . . . . . . . . . . . . . **60** francs.

Pour l'étranger, les frais de port et d'envoi en plus :

*Texte seul* 3 francs. *Texte et musique de piano. Texte et musique de chant* 5 francs plus 1 fr. 50 c. pour l'envoi de la prime.

Abonnement complet 6 fr. 50 c., plus 3 francs pour l'envoi de la prime.

EN PROVINCE on s'abonne dans tous les bureaux de poste, chez tous les Libraires et Marchands de Musique, ou par une lettre adressée *franco* aux bureaux du *Ménestrel*, rue Vivienne, n° 2 *bis*, Paris.

On s'incrit du 1er de chaque mois. — Sauf pour les années 1914 et 1919, les cinquante-deux numéros de chaque année — texte et musique — forment collection.

*LE MÉNESTREL* parait tous les vendredis, en huit ou douze pages de texte raisin, avec couverture. Il contient des études biographiques, des nouvelles musicales et littéraires, la chronique des théâtres, le compte rendu des pièces nouvelles, des concerts et des salons de peinture et de sculpture, la revue critique et les annonces des publications en vogue.

Indépendamment des partitions et albums pour chant et piano donnés en prime aux abonnés (texte et musique), *LE MÉNESTREL* publie annuellement : d'une part, pour ses abonnés à la musique de CHANT, les meilleures Scènes, Mélodies, Chansons, etc., de nos auteurs en renom ; et d'autre part, pour ses abonnés à la musique de PIANO, le choix le plus complet des Morceaux, Fantaisies, Transcriptions et Danses de la saison.

IMPRIMERIE CHAIX, RUE BERGÈRE, 20, PARIS. — 10276-5-24. — (Encre Lorilleux).

En vente AU MÉNESTREL, 2 *bis*, rue Vivienne, Par
HEUGEL, Éditeur-Propriétaire pour tous pays

# NERTO

DRAME LYRIQUE EN QUATRE ACTES

Livret de MAURICE LÉNA, d'après le poème de MISTRAL

**Musique de Ch.-M. WIDOR**

**La Partition, chant et piano . . . . . Prix net : 20 francs**

CHEZ LE MÊME ÉDITEUR, les opéras, drames lyriques, opéras-comiques :

ADAM. *Cagliostro*, 3 a.
— *Richard en Palestine*, 3 a.
AUBER. *Gustave III*, 5 a.
— *La Fiancée du Roi de Garbe*, 3 a.
BACHELET. *Quand la Cloche sonnera*, 1 a.
BEETHOVEN. *Fidelio*, 3 a.
— *Les Ruines d'Athènes et Le Roi Estienne*.
BEMBERG. *Baiser de Suzon*, 1 a.
BLOCKX. *La Chapelle*, 1 a.
— *La Fiancée de la mer*, 3 a.
— *Princesse d'auberge*, 3 a, 4 t.
— *Thyl Uylenspiegel*, 3 a, 4 t.
BOIELDIEU. *Le Calife de Bagdad*, 1 a.
— *Jean de Paris*, 2 a.
— *Ma tante Aurore*, 2 a.
BORDOGNI. *Lola*, 1 a.
BRUNEAU. *Le Jardin du Paradis*, 4 a.
CHARPENTIER. *Louise*, 4 a. 5 t.
CHERUBINI. *Les deux Journées*, 3 a.
— *Elisa*, 3 a.
— *Lodoïska*, 3 a.
CUI. *Le Flibustier*, 3 a.
DAVID. *Perle du Brésil*, 3 a.
DELIBES. *Jean de Nivelle*, 3 a.
— *Kassya*, 4 a.
— *Lakmé*, 3 a.
— *Le Roi l'a dit*, 3 a.
DUBOIS. *Aben-Hamet*, 4 a.
— *La Guzla de l'Emir*, 1 a.
— *Xavière*, 3 a.
DUPONT. *Antar*, 4 a, 5 t.
— *La Farce du Cuvier*, 2 a.
— *La Glu*, 4 a. 5 t.
DUPRATO. *La Fiancée de Corinthe*, 1 a.
DUPRÉ. *Joanita*, 3 a.
FAURÉ. *Pénélope*, 3 a.
FÉVRIER. *Carmosine*, 4 a.
— *La Damnation de Blanchefleur*, 2 a.
— *Gismonda*, 4 a.
— *L'Ile désenchantée*, 2 a.
— *Monna Vanna*, 4 a.
— *Le Roi aveugle*, 2 a.
GAUTIER. *La Clé d'or*, 3 a.
GIORDANO. *A. Chénier*, 4 a.
GLUCK. *Alceste*, 3 a.
— *Orphée*, 4 a.
GRÉTRY. *Richard Cœur-de-Lion*, 3 a.
HAHN. *La Carmélite*, 4 a., 5 t.
— *La Colombe de Bouddha*, 1 a.
— *L'Ile du Rêve*, 3 a.
— *Nausicaa*, 2 a.
HARTOG. *L'Amour et son Hôte*, 1 a.
HÜE. *Dans l'Ombre de la Cathédrale*, 3 a.
JAQUES-DALCROZE. *Le Bonhomme Jadis*, 1 a.
— *Jumeaux de Bergame*, 2 a.
KEIL. *Doña Branca*, 4 a.
LALO. *Le Roi d'Ys*, 3 a.
LAMBERT. *Brocéliande*, 4 a., 6 t.
LEFEBVRE. *Le Trésor*, 1 a.
LIMNANDER. *Le Château de la Barbe-Bleue*, 3 a.
— *Les Monténégrins*, 3 a.
MACHADO. *Lauriane*, 4 a.
MAINGUENEAU. *Ninon de Lenclos*, 4 a.
MASCAGNI. *L'Ami Fritz*, 3 a.
— *Cavalleria rusticana*, 2 a.
MASSÉ. *Paul et Virginie*, 3 a. 6 t.
MASSENET. *Amadis*, 4 a.
— *Ariane*, 5 a.
— *Bacchus*, 5 a.
— *Cendrillon*, 4 a.
— *Chérubin*, 3 a.
— *Le Cid*, 4 a., 10 t.
— *Cléopâtre*, 4 a., 5 t.
— *Don César de Bazan*, 4 a.
— *Don Quichotte*, 5 a.
— *Esclarmonde*, 4 a., 8 t.
— *Grisélidis*, 3 a., 4 t.
— *Hérodiade*, 4 a., 7 t.
— *Le Jongleur de Notre-Dame*, 3 a.
— *Le Mage*, 5 a.
— *Manon*, 5 a.
— *Marie-Magdeleine*, 3 a.
— *La Navarraise*, 2 a.
— *Panurge*, 3 a.
— *Le Portrait de Manon*, 1 a.
— *Le Roi de Lahore*, 5 a.
— *Roma*, 5 a.
— *Sapho*, 5 a.
— *Thaïs*, 3 a., 7 t.
— *Thérèse*, 2 a.
— *Werther*, 4 a.
MÉHUL. *Joseph*, 3 a.
MERCADANTE. *Léonora*, 4 a.
MISSA. *L'Hôte*, 3 a.
MONSIGNY. *Le Déserteur*, 3 a.
MORET. *Lorenzaccio*, 4 a. 11 t.
MOZART. *Don Juan*, 5 a.
— *La Flûte enchantée*, 4 a.
— *L'Oie du Caire*, 2 a.
OLAGNIER. *La Saïs*, 4 a.
OLLONE (D'). *Le Retour*, 2 a.
PAISIELLO. *Le Barbier de Séville*, 4 a.
PEDROTTI. *Florina*, 2 a.
PIERNÉ. *On ne badine pas avec l'amour*, 4 a.
PILATI et FLOTOW. *Le Naufrage de la Méduse*, 4 a.
POISE. *Les Deux Billets*, 1 a.
PUGET. *Beaucoup de bruit pour rien*, 4 a., 5 t.
RASPAIL. *Le Sabbat pour rire*, 1 a.
REYER. *Sigurd*, 4 a., 9 t.
RICCI. *Docteur rose*, 3 a., 4 t.
RICHEPIN. *La Marchande d'allumettes*, 3 a.
ROSSINI. *Le Barbier de Séville*, 4 a.
— *Bruschino*, 2 a.
— *Othello*, 3 a.
— *Sémiramis*, 4 a.
RUBINSTEIN. *Le Démon*, 3 a.
— *Néron*, 4 a., 7 t.
SCHUBERT. *La Croisade des dames*, 1 a.
SILVER. *La Mégère apprivoisée*, 4 a.
STADLER. *Le Bois de Daphné*, 1 a.
THOMAS. *Le Caïd*, 2 a.
— *La Cour de Célimène*, 2 a.
— *Françoise de Rimini*, 4 a.
— *Hamlet*, 5 a.
— *Mignon*, 3 a.
— *Le Panier fleuri*, 1 a.
— *Psyché*, 4 a.
— *Raymond*, 3 a.
— *Songe d'une nuit d'été*,
— *Le Tonelli*, 2 a.
VERCKEN. *Pierrot fantôme*, 1 a
VERDI. *Le Bal masqué*, 4 a.
— *Jérusalem*, 4 a.
VIDAL. *Eros*, 3 a., 5 t.
VOGEL. *La Moissonneuse*, 4 a.
WAGNER. *Tristan et Yseult* 3 a.
WECKERLIN. *La Laitière de Trianon*, 1 a.
— *L'Organiste*, 1 a.
WIDOR. *Mᵉ Ambros*, 4 a., 5 t.
— *Les Pêcheurs de St-Jean*, 4 a

IMPRIMERIE CHAIX, RUE BERGÈRE, 20, PARIS. — 10276-5-24. — (Encre Lorilleux)

www.ingramcontent.com/pod-product-compliance
Ingram Content Group UK Ltd.
Pitfield, Milton Keynes, MK11 3LW, UK
UKHW021007180726
13838UKWH00003B/1477

9 782329 035260